FLEURS PRESSEES
ENCADREES

A Deborah, Francesca et Valentina

REMERCIEMENTS

A mon mari Celso et à mon fils Mauro pour leur collaboration et leur soutien affectueux au cours de la réalisation de cet ouvrage.
Aux époux Laura et Francesco Schiavi pour leur amitié et leur précieuse contribution à la rédaction des textes à l'ordinateur.
Aux graphistes Paola Masera et Beatrice Brancaccio.
A Alberto Bertoldi très bon et patient photographe.
Un remerciement spécial à Madame Cristina Sperandeo pour avoir tout de suite accepté mon projet.

Pour l'édition italienne:
Editor: Cristina Sperandeo
Photos: Alberto Bertoldi
Projet graphique, mise en pages:
Paola Masera et Amélia Verga avec la collaboration de Beatrice Brancaccio

Pour l'édition française:
Traduction: Anne Marie Guez
Coordination éditoriale: Cristina Sartori
Rédaction: Nicoletta Lattuada
Couverture: Studio Break Point
Photocomposition: G&G computer graphic, Milan

Cette édition est publiée en 1999 par EDDL, Paris

ISBN 2-23700-411-0

Imprimé in Italie

GRANDS MANUELS

Anna Levada Luzzi

FLEURS PRESSEES
ENCADREES

CELIV

SOMMAIRE

INTRODUCTION

Le motif pour lequel, à plus de cinquante ans, sans aucune tradition derrière moi et sans avoir jamais manifesté d'intérêt particulier ni témoigné d'aptitudes prononcées pour ce genre de choses, j'ai abordé d'abord la composition des fleurs séchées, pour passer ensuite au pressage et au collage, a été l'exigence de surmonter un état de dépression, aggravé par un grand chagrin de famille. J'ai essayé en somme de tirer des satisfactions personnelles d'une vie qui, pour moi, perdait de plus en plus son sens.

Il s'est agi d'une période de crise qui, un jour ou l'autre, pour une raison ou pour une autre, peut arriver à n'importe qui et pour la surmonter, plus que tout autre médicament, c'est cet intérêt intervenu de surcroît qui a été déterminant pour moi et m'a permis de retrouver l'équilibre et la force d'âme qui étaient désormais considérés comme définitivement compromis. C'est donc avec simplicité et une humilité extrême que je m'apprête dans les pages suivantes à fournir quelques conseils et à exposer ma technique personnelle de pressage et de collage des fleurs séchées, car je suis convaincue que, quand on arrive à un certain âge, le fait de cultiver un intérêt, un hobby, une passion, ne peut que faire du bien et, dans certains cas, a même un effet thérapeutique.

Il faut donner certaines indications aux personnes qui ont l'intention d'aborder cet art: avant tout il faut avoir énormément de patience et consacrer beaucoup de temps à la cueillette et au pressage des fleurs. Ensuite il ne faut pas se décourager si les premiers travaux exécutés n'apparaissent pas comme des modèles de perfection: soyez-en quand même satisfaites et contentes.

Par contre, ainsi que je peux en témoigner personnellement, il n'y a pas de limite d'âge pour commencer; en outre le contact avec la nature qu'implique ce type d'activité, la délicatesse et la fragilité, comme la beauté très particulière des fleurs séchées, leurs couleurs chaudes et naturelles, jamais trop fortes, communiquent une sensation d'harmonie qui aident à purifier et à régénérer l'âme. Aucun don particulier n'est requis à qui a l'intention d'apprendre la technique du pressage et de la composition au moyen du collage de fleurs séchées; la bonne volonté et la patience sont les seuls ingrédients indispensables afin que chacun puisse tirer satisfaction des travaux exécutés. Le sens de l'harmonie dans le choix des couleurs et des formes, inné chez certains, se développera avec le temps et la pratique même chez les moins doués; enfin la fantaisie contribuera à rendre chaque œuvre vraiment unique.

Pour finir, je voudrais encore une fois souligner, en me reportant aux motivations que je viens d'exposer, l'importance de cultiver un ou plusieurs intérêts durant toute la vie, et combien il est salutaire d'essayer de toutes ses forces de les maintenir intacts malgré l'avancement de l'âge; mieux encore, il est indispensable d'en trouver de nouveaux, à même de stimuler l'envie de faire qui est en chacun de nous.

Le fait de me mesurer à la rédaction de ce manuel a été pour moi une nouvelle et enthousiasmante expérience; et si mon travail peut apporter une aide non seulement technique mais aussi morale, à qui est à la recherche d'un hobby à cultiver, j'aurais alors atteint pleinement l'objectif que je m'étais fixé.

La satisfaction que j'ai éprouvée à m'engager dans cet art a été telle que, permettez-moi la digression, non seulement j'ai l'intention d'en perfectionner toujours davantage l'exécution, mais, bien qu'au seuil de mon soixantième anniversaire, je désire me lancer dans de nouvelles compositions avec des techniques et des formes d'un effet particulier qui, je l'espère, ne manqueront pas d'étonner parents et amis, que j'ai entraînés irrémédiablement avec moi, et d'obtenir des critiques favorables de la part de ceux qui auront l'occasion de les voir.

Anna Levada Luzzi

TECHNIQUE

CUEILLETTE DES FLEURS

Avant toute chose, respectez toujours votre environnement: c'est l'unique, importante recommandation! Je ne m'attarderai pas à faire la liste des choses qu'il ne faut pas faire, car j'espère, ou plutôt je suis persuadée, que pour aborder cette pratique, on a nécessairement l'âme gentille. Il ne viendra certainement à personne l'idée de cueillir et de presser des fleurs d'espèces protégées, et je suis certaine que l'éducation sera votre constante compagne au cours des promenades que vous ferez pour vous procurer la matière première pour ce travail.

Ceci dit, jardins, prés, sentiers de campagne, tout lieu, tout coin de verdure, pourront devenir vos «fournisseurs». Toutes les saisons ont beaucoup à offrir, et je vous assure que si vous continuez à cultiver cette passion, vous apprendrez à devenir d'excellents observateurs de la nature.

Les variétés de fleurs sont infinies, et ce serait pécher de présomption de ma part, qui ne suis franchement pas experte en botanique, que de procéder à une quelconque classification.

Par contre, je veux vous donner une indication sur «quand» effectuer la cueillette. Donnez la préférence aux journées chaudes et sèches; ne cueillez jamais la fleur quand elle est humide après une pluie ou seulement à cause de la rosée matinale. Par conséquent les premières heures de l'après-midi sont sans aucun doute les plus indiquées pour la cueillette.

SECHAGE PAR PRESSAGE

L'étape successive à la cueillette des fleurs est naturellement le séchage au moyen du pressage. Cela devrait être effectué tout de suite après la cueillette, mais comme ce n'est pas toujours possible, le système de pressage provisoire que j'utilise personnellement et que je conseille, consiste à poser les fleurs à peine cueillies entre les pages d'un vieil annuaire de téléphone, toujours protégées de papiers de soie, pour les transférer ensuite, une fois à la maison, dans la presse plus professionnelle. Souvenez-vous dans tous les cas qu'on ne doit jamais enlever le papier de soie.

OUTILLAGE

L'outillage nécessaire pour pouvoir commencer le travail consiste en des objets décidément simples et peu coûteux, faciles à trouver dans le commerce.
La presse: composée de deux planches de bois contre-plaqué ou aggloméré de 30 x 30 cm environ et de 2 cm d'épaisseur environ. Aux angles de chaque planche, quatre trous permettent à autant de tiges filetées avec leurs écrous à ailettes et leurs rondelles de presser les fleurs placées au centre, entre les deux planches.
Deux paires de ciseaux, une grande et une petite à utiliser pour trancher les rameaux ou couper les fleurs.
Une pince (à timbres): à utiliser pour disposer les fleurs sur le papier de soie et pour les coller ensuite sur le carton.
Feuilles de papier absorbant; on peut avoir le même résultat qu'avec le papier absorbant en utilisant des feuilles de papier beaucoup moins cher, par exemple la dite «grisette» (pour me faire comprendre, le papier utilisé dans les cageots de fruits), qu'on trouve dans les magasins spécialisés en papiers, ou aussi des feuilles de journaux non patinés (quotidiens, etc.).
Feuilles de papier de soie sur lequel disposer les fleurs à peine cueillies pour les protéger et les préparer aux phases successives de pressage.
Un cutter: pour dégarnir les tiges de fleurs et les écorces.
Des planches de contre-plaqué de 3 mm d'épaisseur.
Naturellement les planches de contre-plaqué, les feuilles de papier absorbant et celles de papier de soie doivent être de la même dimension et en tout cas doivent pouvoir être contenues dans le périmètre de la presse, délimité par les quatre trous.

CONSEILS UTILES

Le séchage doit être effectué selon les règles de l'art. Le gros risque que l'on court en suivant un procédé peu correct est l'apparition de moisissure peu de temps après avoir achevé les tableaux.

Personnellement je conseille de ne jamais cueillir trop de matériel; vous risqueriez de vous fatiguer, et une partie serait très probablement gaspillée.

Une dernière recommandation, très importante: veillez à ne pas toucher de vos mains votre visage, vos yeux ou votre bouche quand vous manipulez fleurs et feuilles, car certaines d'entre elles contiennent des substances toxiques et irritantes qui pourraient provoquer des démangeaisons fastidieuses et l'apparition de petites ampoules.

COMME PROCEDER

Disposer sur une des deux planches dont est composée la presse 3 ou 4 feuilles de papier absorbant, puis une de papier de soie sur laquelle aligner avec ordre les fleurs et les feuilles, si possible de même épaisseur.

Après avoir rempli une feuille, superposer aux fleurs un autre papier de soie et 3 ou 4 autres feuilles de papier absorbant. Terminer avec une planche de contre-plaqué de 3 mm d'épaisseur.

Vous pouvez maintenant poursuivre l'opération avec cette planche comme base. Si l'épaisseur des fleurs le permet, il est possible aussi d'insérer une planche toutes les deux couches.

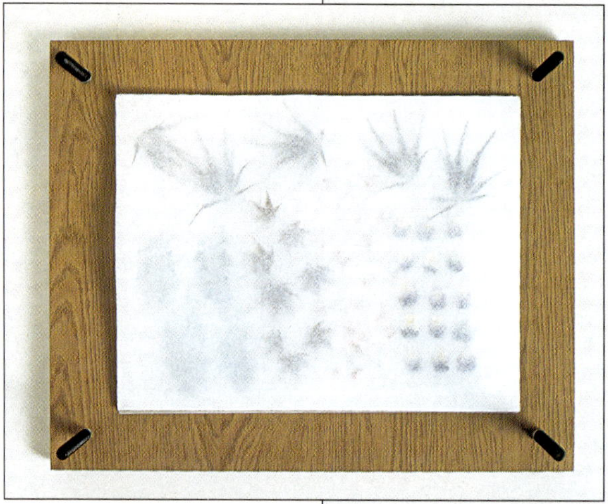

Une fois la préparation terminée, fermer la presse avec la seconde planche, en serrant les écrous de manière à exercer une pression égale aux quatre angles.

Chaque jour, pendant les 10-15 jours suivants, il faut remplacer les feuilles de papier absorbant en évitant d'ouvrir les feuilles de papier de soie entre lesquelles se trouvent les fleurs, réinsérer le tout dans la presse et serrer les écrous. On peut réutiliser quand elles seront sèches les feuilles de papier absorbant remplacées. Une fois passée la période indiquée, la substitution de papier absorbant doit être effectuée tous les 2 ou 3 jours pendant 15 autres jours.

Trente jours après environ, vous pourrez extraire les fleurs de la presse et, toujours en les gardant entre les deux feuilles de papier de soie, les insérer dans les pages de vieux journaux, en plaçant ces derniers dans un endroit chaud et sec jusqu'à complet séchage.

PETITS TRUCS POUR LE SECHAGE ET LE PRESSAGE DE...

A cause justement de leur conformation, certaines fleurs ont besoin de précautions spéciales pendant les phases de séchage et de pressage. Vous trouverez dans ces pages quelques conseils et suggestions utiles pour obtenir toujours les meilleurs résultats.

MARGUERITE

Pour effectuer le pressage d'une fleur dont la partie centrale (réceptacle, pistil et étamines) se présente plutôt épaisse, par exemple la grande marguerite, il est nécessaire de faire un «collet» c'est-à-dire de placer le réceptacle de la fleur elle-même sur divers petits carrés de papier absorbant et un de papier de soie, préparés avec un trou central, aux dimensions du réceptacle qu'ils doivent protéger. Préparer une dizaine de carrés de papier absorbant avec trou au centre, et en dernier le papier de soie. Placer la marguerite et procéder ensuite au pressage normal. Dans la dernière image de la séquence, la marguerite séchée est prête pour les successives opérations de collage.

BOUTONS DE ROSE

Le séchage des boutons requiert lui aussi, si l'on peut dire, certaines astuces. Le bouton doit être sectionné au cutter sur toute sa longueur et, une fois pressé, on l'utilisera en collant sur le carton la partie plate résultant de l'incision.

BOUQUET DE ROSES

Pour procéder au séchage des pétales et réduire en même temps l'épaisseur de la petite rose, de manière à la presser plus facilement, on peut sectionner le bouquet et ensuite détacher les pétales qui sont le plus à l'extérieur des fleurs.

FLEURS EN «GRAPPE»

On se trouve devant un problème d'un autre genre avec les fleurs comme la glycine ou le cytise, qui présentent une inflorescence à grappe dense et allongée sur une seule tige: la solution consiste dans l'éclaircie: c'est-à-dire qu'il faut couper certaines petites fleurs qui, pressées, se chevaucheraient inévitablement, les faire sécher à part pour ensuite les utiliser éventuellement pour recomposer la fleur dans sa structure originale.

TIGES DE FLEURS

Pour certaines espèces, il convient de faire sécher séparément les tiges et les fleurs, car elles présentent des épaisseurs extrêmement variables. Enfin, rien n'empêche de faire sécher à part les pétales des grandes fleurs – gerbera, marguerites, zinnias – pour les recomposer ensuite, en créant des fleurs de fantaisie. Il est très utile de procéder à l'amincissement d'une tige trop épaisse au moyen du cutter.

ECORCES VARIEES

En ce qui concerne les écorces également, vu leur épaisseur très variée, il est conseillé de sécher les espèces séparément.

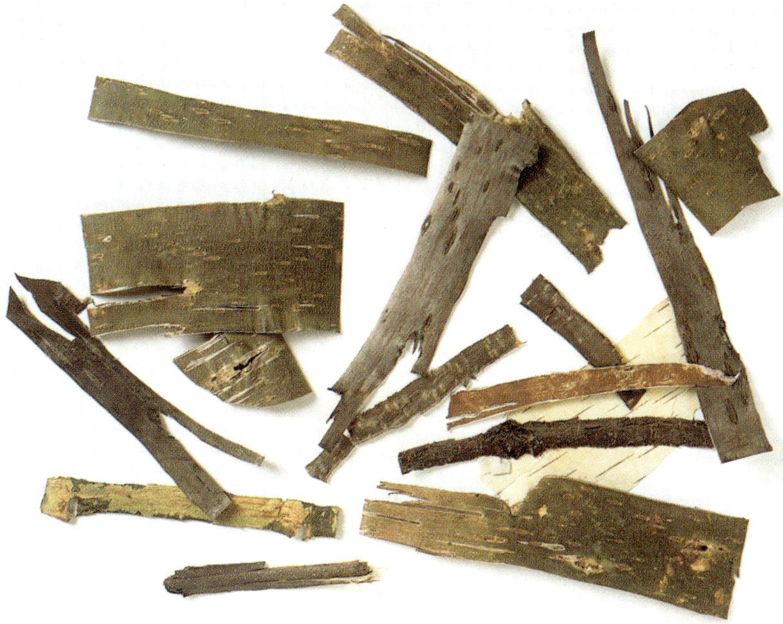

PRESSAGE AU MICRO-ONDES

Cette technique est nouvelle et je suis encore en train de l'expérimenter. Les résultats sont satisfaisants car les fleurs sèchent en très peu de temps. Malheureusement ce système varie pratiquement pour chaque type de fleurs, c'est pourquoi ces indications devront être essayées personnellement. Pour ma part, après avoir disposé fleurs et poids, je mets le micro-ondes à une puissance de 600-700 Watt et je commence en ne dépassant pas une minute et demi; je laisse reposer dans le four pendant une demi-heure au moins; j'enlève les journaux et sans déplacer les papiers de soie, je contrôle le degré d'humidité des fleurs. Si c'est nécessaire, je change les journaux et je recommence l'opération. A la fin, j'extrais les fleurs, je les pose sur de nouveaux papiers de soie et de journal, je superpose un petit poids pour compléter calmement le séchage.

FOURNITURES

Deux petites planches rondes de 0,5 cm d'épaisseur (avec comme diamètre l'assiette de votre micro-ondes), 2 ou plusieurs journaux entiers coupés en rond, de même diamètre; 2 papiers de soie; petits ciseaux; pinces; une coupe avec du sable et 2 plats résistants au feu.

COMME PROCEDER

Pour fabriquer la petite presse nécessaire à l'opération, disposer sur un disque de bois quelques feuilles de journal et ensuite une de papier de soie. Procéder ensuite en disposant les fleurs avec ordre. Recouvrir avec l'autre papier de soie, les journaux et le disque de bois. Enfin superposer la coupe avec le sable et mettre le tout au four.
On le voit, à la fin de l'opération, les fleurs sont vraiment belles.

FEUILLES «DECORTIQUEES»

Ces feuilles sont très belles du fait de leur originalité et aussi parce qu'elles servent à donner un «ton» différent à votre composition: elles peuvent créer des ombres, servir de fond à un paysage, alléger un collage.
On les trouve directement dans les sous-bois, parmi les feuilles tombées des arbres des mois auparavant, mais on peut aussi les préparer à la maison, en mettant les feuilles à macérer pendant 3 mois ou plus dans de l'eau de pluie, renouvelée à ras bord par la suite si c'est nécessaire.
Une fois la macération accomplie, on les lave délicatement à l'eau courante, on les pose sur un journal, puis on les met au milieu d'autres journaux secs, sur lesquels on pose une planche avec un poids pendant plusieurs jours.
Les feuilles les plus indiquées pour ce traitement sont selon moi celles de magnolia à fleur en tulipe.

Feuilles vertes et feuilles décortiquées.

DEUX MOTS SUR LES COULEURS

Au cours du processus de séchage, les couleurs des fleurs subissent des changements considérables. Habituellement le blanc tend légèrement au beige, le rose devient plus intense et, s'il est déjà naturellement intense, tend au rouge en séchant: l'orange devient rouge vif et le rouge presque noir. Les gradations de bleus tendent à s'éclaircir jusqu'à devenir à peu près blanches, tandis que le jaune se maintient presque toujours inaltéré. Ceci en règle générale. En pratique cependant, chaque espèce de fleur change de couleur de manière caractéristique durant le séchage et il n'est pas dit que deux fleurs de la même espèce, pressées ensemble ou à des moments différents aient, une fois sèches, la même nuance de couleur; le contraire est certain. Cela dépend de très nombreux facteurs, humidité de l'air, température, capacité d'absorption du papier utilisé etc. Il n'est donc pas possible de déterminer avec certitude et à l'avance la nuance de couleur qu'on obtiendra après avoir pressé une fleur mais le fait de rapprocher harmonieusement les différentes couleurs entre elles devient d'une importance fondamentale pour arriver à des résultats satisfaisants.

PALETTE DE COULEURS
Sur cette palette sont posées les fleurs aux tonalités les plus vives que l'on puisse obtenir par pressage. Il est évident que, à la différence de la peinture avec laquelle on peut reproduire, varier ou uniformiser des tonalités, chaque simple fleur possède des nuances naturelles différentes. La beauté consiste à essayer de combiner ces couleurs avec harmonie et selon son goût: il en sortira des compositions douces, multicolores ou à effet de contraste, votre personnalité prévaudra et s'identifiera à elles.

Ci-dessous et dans la page ci-contre: vaste gamme de tonalités obtenues par rapprochement de fleurs séchées d'espèces différentes.

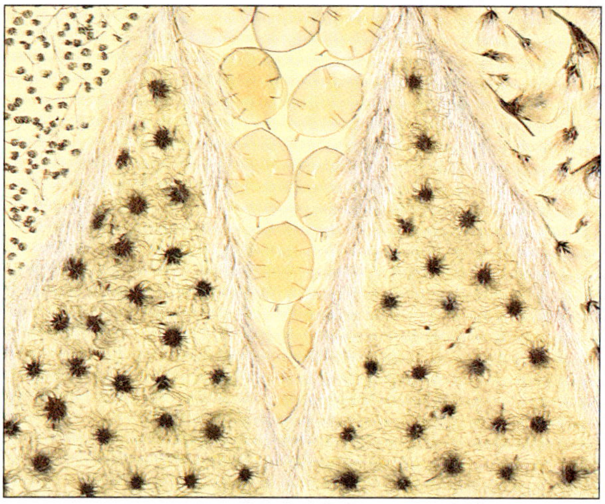

CONSERVATION DES FLEURS

A partir du moment où vous êtes sûr qu'elles sont sèches et après les avoir ôtées de la presse, les fleurs doivent être rangées et cataloguées. Mon système est le suivant: après avoir enlevé les papiers de soie, je dispose les fleurs sur une feuille blanche (par exemple papier à photocopier) et je les enfile dans une enveloppe en plastique (en vente dans tous les supermarchés), pour les ranger ensuite dans de grandes boîtes ou sur des étagères en ayant soin de séparer les fleurs des feuilles et en fonction aussi des gradations de couleurs.

Les fleurs, désormais sèches, sont disposées sur une feuille blanche pour être ensuite enfilées délicatement dans une enveloppe ordinaire en plastique transparent.

REALISATION D'UN TABLEAU

SUPPORTS

Tous les types de carton sont appropriés. Personnellement, j'ai commencé avec des cartons peu coûteux aux teintes douces. Le travail effectué sur ce type de support ressort très bien, surtout s'il est mis en valeur par un passe-partout, toujours en carton, de couleur contrastée.
Au fil du temps, une fois que vous aurez accumulé un peu d'expérience, vous pourrez exécuter des travaux sur des papiers plus précieux, toiles, tissus, même des velours.

CADRES

Le choix du cadre qui entourera votre tableau est, plus que toute chose, une question de goût personnel. Toutefois les collages de fleurs se combinent bien avec n'importe quel type de cadre existant dans le commerce. En outre la connaissance de l'espace dans lequel sera localisé le tableau peut être indispensable pour vous aider dans votre choix.

Dans tous les cas, pour commencer, je suggère d'utiliser des cadres ni trop grands ni élaborés; il y en a une infinité dans les grands magasins, à des prix accessibles à tous. Par la suite, comme je l'ai déjà dit à propos des supports, vous pourrez satisfaire des envies, en vous souvenant dans ce cas que, s'il est vrai qu'un beau cadre ne contribue pas à améliorer un vilain tableau, il est tout aussi vrai qu'un beau tableau dans un cadre non adéquat risque de ne pas faire bon effet.

POUR COMMENCER

Maintenant nous entrons, pour ainsi dire, dans le vif du sujet. J'essaierai effectivement de vous expliquer, de manière je l'espère simple et claire, mon système de collage. Tout d'abord procurez-vous: le carton à la mesure désirée, la colle vinylique que vous diluerez dans un peu d'eau dans une soucoupe, de manière à obtenir un mélange légèrement fluide, quelques cure-dents en bois, une pince et des ciseaux. Disposez maintenant près de vous les fleurs que vous voulez utiliser. Personnellement, quand j'en suis là, j'essaie d'imaginer la forme que je veux donner au collage, sans tracer aucun dessin, puis je commence à aligner quelques fleurs et feuilles, pour donner vie au tableau.

Cependant si vous avez besoin de plus de sécurité, ou simplement si vous le préférez, vous pouvez faire une légère esquisse au crayon de la composition que

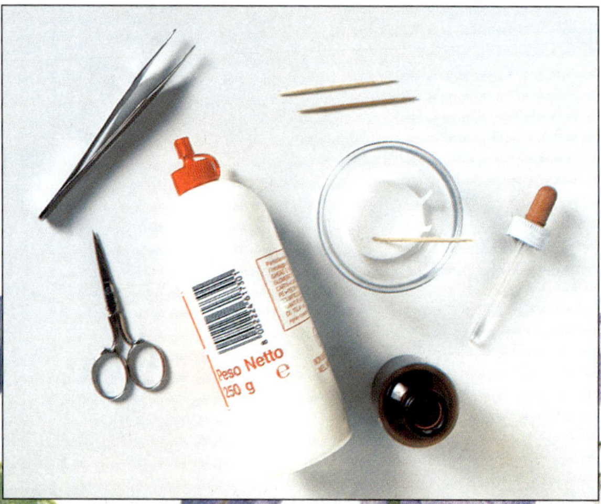

vous désirez, que vous effacerez quand vous poursuivrez le travail.
Pour coller les fleurs et les feuilles sur le carton j'évite toujours d'étaler la colle sur la totalité de leur surface, mais je colle uniquement le centre des feuilles ou des fleurs avec un cure-dent imprégné, de manière à pouvoir toujours incorporer d'autres fleurs et feuilles sous celles précédemment placées, pour compléter le tableau que je suis en train d'exécuter.
Ce type de technique me permet d'effectuer jusqu'au bout des ajouts et des corrections au travail. Une fois la composition achevée, je complète en collant les parties que j'avais laissées de côté.
Pour une première expérience, je vous conseille de copier (ou presque) un tableau simple et de toute façon de ne pas utiliser une quantité excessive de matériel.
Dans tous les cas, il n'y a aucune différence de technique dans l'exécution d'un tableau simple ou compliqué. Les seules différences résident dans la grandeur de la surface sur laquelle vous devez opérer et dans la quantité de matériel employé.

Plus le tableau est grand, plus il sera contraignant de donner une impression de continuité à l'ouvrage.
La combinaison des couleurs et des formes est très importante et, bien que le choix soit individuel, le résultat doit être agréable et harmonieux; cela est plus difficile à obtenir car il n'existe pas d'astuces ou de techniques à mettre en pratique; chacun développera son propre sens de l'harmonie, c'est ce qui déterminera la réussite de l'ouvrage.
Une chose vous aidera toutefois à vous distinguer dans la composition: la précision.
Une composition, même harmonieusement exécutée avec un choix de fleurs et de couleurs agréables, mais qui, à l'observation attentive, révèle des imperfections d'exécution, comme d'évidentes traces de colle, des fleurs cassées ou mal pressées, n'aboutira pas au plein effet auquel vous auriez pu parvenir si elle avait été faite avec précision.
N'aspirez pas maintenant, dès votre premier travail, à une précision absolue, mais habituez-vous à raisonner en ces termes dès vos premières réalisations avec les fleurs pressées.

OUTILLAGE

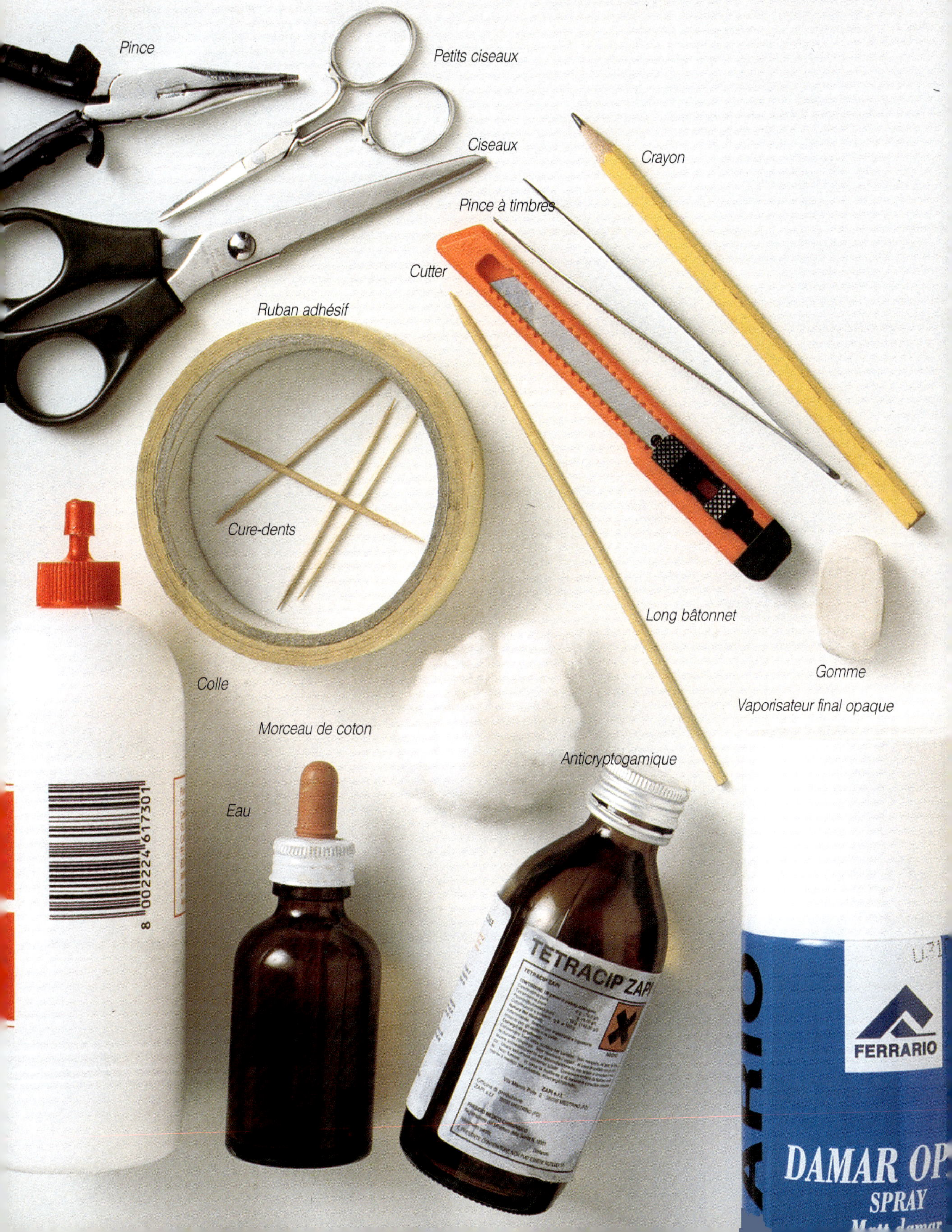
Pince
Petits ciseaux
Ciseaux
Crayon
Pince à timbres
Cutter
Ruban adhésif
Cure-dents
Long bâtonnet
Gomme
Colle
Vaporisateur final opaque
Morceau de coton
Anticryptogamique
Eau
TETRACIP ZAPI
FERRARIO
SPRAY

Marteau
Papier adhésif
Clous
Cadres

FLEURS DES CHAMPS

Avec une petite plante de chiendent séché et quelques fleurs simples on peut composer un sympathique petit tableau qui convient aux débutants.

FOURNITURES: cadre avec son verre, carton et faésite, colle, eau, cure-dents, pince, petits ciseaux, fleurs pressées.

Dimensions: 9 x 14 cm

Commencer par coller sur le carton la petite plante de chiendent exactement au centre. Continuer en disposant la fleur centrale et celles latérales, plus petites. Pour finir, mettre en place les trois perce-neige. Il résultera en final une composition fraîche et très gracieuse.

BOUQUET

Feuilles variées, angélique, marguerite, pensée et narcisse... Fleurs et feuilles communes assemblées pour former un petit tableau romantique. Souvenez-vous que la largeur et la longueur du tableau se calculent en mesurant le jour, c'est-à-dire le verre; le cadre est en plus.

FOURNITURES: cadre complet, colle, eau, cure-dents, pince, petits ciseaux, fleurs et feuilles pressées.

Dimensions: 18 x 24 cm

Commencer par la base en collant sur le carton les feuilles les plus grandes sur lesquelles disposer une angélique ou une fleur en ombelle; poursuivre avec une marguerite sur l'angélique, une pensée sur les feuilles à gauche et un narcisse au centre.

Rehausser un peu la composition vers la droite, avec des fleurs à longue tige, pour l'alléger ensuite avec des herbes minces et de petites feuilles.

FLEURS DE FANTAISIE

A mon avis le nom indique parfaitement la nature de ces créations: il s'agit en effet de «fleurs» fabriquées en assemblant des pétales d'espèces diverses, avantageusement superposées. En dehors des renoncules sauvages, les fleurs les plus utilisées dans ce dessin sont les dahlias, les œillets et les œillets d'Inde.

Si on ajoute à la corolle de pétales de dahlia, trois fleurettes dans des teintes contrastées et de petites feuilles, on obtient une sympathique composition pour un petit tableau.

Former la première corolle avec les pétales d'un dahlia jaune. La deuxième, plus petite, est composée de grands pétales d'œillet.
Le troisième tour de la corolle est réalisé avec des pétales d'œillet plus petits.
Terminer ensuite avec une fleurette jaune au centre; dans ce cas, une renoncule sauvage.

GUIRLANDE

Une ronde délicate de fleurs et de feuilles mélangées: angélique, anémones, roses et fuchsias créent une joyeuse guirlande.

FOURNITURES: cadre complet, crayon, gomme, colle, eau, pince, petits ciseaux, fleurs et feuilles pressées.

Dimensions: 34 x 24 cm

Commencer par tracer un cercle au crayon, dans ce cas en haut du carton car le projet prévoit d'allonger légèrement la composition vers le bas. Puis disposer les feuilles. Je conseille de démarrer en ayant déjà clairement à l'esprit la composition, éventuellement après avoir fait des essais sans coller.

Après avoir placé les fuchsias, coller l'angélique et les houppes de clématites des haies aux six points choisis. Fixer à la colle sur l'angélique d'abord les trois anémones blanches ensuite les trois petites roses.
Le résultat final est désormais devant vous: il vous suffira de choisir le cadre le plus approprié.

INITIALES

Après avoir tracé au crayon la lettre à réaliser sur le carton, la recouvrir soigneusement en y collant de petites fleurs et feuilles. Fougères et angélique sont particulièrement indiquées à cet effet.
Si la lettre, écrite en caractère d'imprimerie, présente des lignes droites, on peut aussi choisir des fleurs plus grandes.
La lettre «C», très simple à réaliser, peut être agrémentée de petites roses et d'une dentelle utilisée comme passe-partout.

Dimensions des tableaux: 16,5 x 22,5 cm

CADRE

Des feuilles dans trois colorations différentes, anémones et petites fleurs écarlates: voici ce qui vous sert pour réaliser un cadre frais et amusant, dans lequel ranger une photo qui vous est particulièrement chère.

FOURNITURES: cadre à jour, un carton et un feuillet de la dimension d'une photographie, petits ciseaux, ciseaux plus grands, colle, eau, cure-dents, pince, feuilles et fleurs pressées.

Dimensions: 18 x 24 cm

Après avoir posé le feuillet blanc au centre du carton, commencer par l'angle inférieur en remontant le long du côté droit et en tenant les feuilles parfaitement alignées avec le centre. Faire en sorte de couvrir tous les côtés à l'extérieur.

Du fait qu'on utilise des feuilles de trois couleurs différentes, il est nécessaire de faire un essai avant de les coller afin d'éviter d'arriver à la fin du travail pour s'apercevoir d'avoir fait des combinaisons dissonantes. Ainsi faisant, les feuilles pourront se superposer plus ou moins, selon son goût, mais on pourra aussi varier la dimension en en choisissant de plus petites.

Une fois terminé l'encadrement de feuilles, coller les anémones sur les feuilles vertes de ginkgo et les fleurettes rouges sur les jaunes. Procéder ensuite à la finition, en fixant bien à la colle les points laissés libres et en égalisant les marges extérieures avec les gros ciseaux.

Après avoir enlevé le feuillet central et l'avoir remplacé par une photographie ou autre chose, on peut refermer le cadre avec les agrafes spéciales.

PAYSAGE FANTASTIQUE

Feuilles décortiquées et feuilles séchées de couleurs différentes sont les protagonistes absolus dans la création de ce paysage d'automne.

FOURNITURES: cadre complet, crayon, gomme, colle, eau, pince, cure-dents, petits ciseaux, matériel séché.

Dimensions: 34 x 24 cm

Tracer sur le carton les contours des montagnes en les recouvrant presque jusqu'à la base de feuilles décortiquées, même en petits morceaux.

Les feuilles disposées au pied des montagnes servent à suggérer la plaine. Si l'on veut insérer des maisonnettes dans le paysage, il faut les découper dans des feuilles de couleurs diverses et les préparer à part, pour les loger ensuite à l'intérieur du tableau.

Une fois les maisons collées, placer de petits cailloux, des routes et des vallées, toujours découpés dans des feuilles. On continue en ajoutant des arbustes (petites feuilles) et des brins d'herbe posés derrière les cailloux.

Après les avoir préparés à part, coller les cimes des montagnes et enfin les oisillons.

Le tableau est prêt, il suffira de trouver le cadre le plus adapté pour le mettre en valeur.

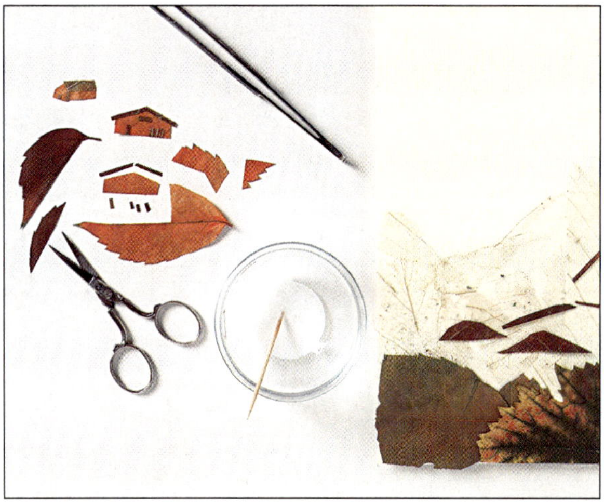

FAISAN DORE

Tout ce qu'il est nécessaire de savoir de A à Z pour un tableau d'un genre qui exige la plus grande précision, une patience extrême et... beaucoup de travail.

FOURNITURES: cadre complet, crayon, gomme, carton, colle, eau, cure-dents, pince, long bâtonnet, coton, produit anticryptogamique, bombe opaque pour la finition, cutter, clous, marteau, ruban adhésif, planchette de faésite, papier journal, papier adhésif.

Dimensions: 16,5 x 22,5 cm

Tracer le dessin du faisan sur le carton, on l'effacera au fur et à mesure de l'exécution de l'ouvrage, car la marque du crayon pourrait transparaître sous les pétales.

La première chose à faire est de décider la couleur du bec et des pattes, et de chercher les feuilles ou les pétales appropriés, pour ensuite les découper. Les troncs sont préparés avec les écorces. Enfin procéder à l'assemblage des différentes pièces, en les fixant à la colle.

Avant de poursuivre, je voudrais rappeler que pour coller les «plumes» de l'oiseau, il faut aller à reculons, en mettant très peu de colle juste au début des pétales, de manière à ce que la «plume» soit détachée, pour faciliter l'insertion d'une autre rangée de pétales en-dessous.

A partir de la fin du bec, coller les petits pétales, en essayant de donner une forme arrondie à la tête et de former en descendant cette espèce d'éventail caractéristique du faisan doré.
Enfin entourer la partie supérieure de la tête et du cou avec de petites plumes.

Après avoir changé la couleur du matériel séché, continuer pour terminer la «bedaine» de l'oiseau.

Avec les feuilles de cheveux-de-Vénus, commencer le revêtement du dos, poursuivre avec les plumes des ergots pour continuer ensuite avec les pétales rouges, jaune-or, marron-clair jusqu'à la queue.

L'image de l'oiseau est complétée avec l'œil, tandis que quelques épis champêtres achèvent le tableau.
A la fin de l'opération, ayez soin de vérifier que tout est bien collé.

Pour conserver l'ouvrage au mieux, enveloppez un petit morceau de coton autour d'un long bâtonnet, trempez-le dans le produit anticryptogamique et mouillez délicatement les épis (ou le centre des fleurs là où il y en a). Laissez bien sécher.

C'est le moment de la bombe finale, qu'on vaporise à la verticale et à l'horizontale pour obtenir une couche uniforme.
Une fois que ce sera sec, mettez un gros poids (5 ou 6 livres) sur le travail fini et laissez ainsi pendant plusieurs heures.

FINITIONS

CONSERVATION

Plusieurs mois après avoir exécuté mes premiers tableaux, non sans fatigue, car très inexperte, et les avoir orgueilleusement accrochés, je me suis aperçue que de minuscules larves avaient littéralement détruit, dévoré même, le centre de diverses fleurs. Cela s'est produit parce que les œufs que certains insectes minuscules déposent sur les fleurs s'ouvrent même si le tableau est presque hermétiquement scellé. Durant leur brève période de survie, les larves arrivent à détruire complètement le centre des fleurs dont elles se nourrissent avidement. Pour éviter de constater cet inconvénient, j'empoisonne les étamines de toutes les fleurs utilisées avec un morceau de coton imprégné de produit anticryptogamique dès le collage terminé. Je laisse ensuite sécher pendant plus d'une heure et je mets de nouveau le tout sous presse ou sous un gros livre pendant toute une nuit.
De cette façon vous éviterez vous aussi de mauvaises surprises. Naturellement, pour effectuer cette opération, vous serez obligé de manipuler du poison, je vous recommande donc de prendre toutes les précautions d'usage: s'il y a des enfants chez vous, ne le laissez pas à leur portée et surtout n'effectuez pas le traitement en leur présence.

Mouiller délicatement les épis et le centre des fleurs avec une tige de coton imbibé de produit anticryptogamique.

MAINTIEN DES COULEURS

Bien qu'on ait pris toutes les précautions pour éviter l'apparition de moisissure, de larves, etc., notre tableau de fleurs pressées court un autre risque, tout mineur soit-il. Les couleurs des fleurs pressées sont destinées, au fil du temps, à perdre de leur intensité, et, bien que le tableau ainsi transformé, prenne un effet «antiquisé» et soit toujours beau, il est préférable de retarder le plus possible ce processus naturel de vieillissement. On obtient de bons résultats en vaporisant abondamment les fleurs d'une couche de vernis transparent et opaque une fois que le tableau est terminé et après avoir effectué le traitement de conservation, si l'on utilisait un vernis brillant, l'ouvrage prendrait un aspect «plastifié» indésirable, très peu naturel selon moi.

Le tableau terminé, vaporiser le vernis sur l'ouvrage, à la verticale et à l'horizontale pour obtenir une couche uniforme.

ASSEMBLAGE

Clore le tableau est un travail simple, mais qui doit être fait soigneusement car il est très important pour sa bonne conservation. Posez sur un linge, afin qu'il ne se raie pas, le cadre tourné vers le bas, insérez-y le verre (parfaitement propre), le carton avec la composition contre le verre, une feuille de journal plié en quatre (qui contribue à lutter contre la moisissure), un carton et, enfin, la plaque de faésite qui est incluse dans l'achat du cadre. En tenant le tout bien serré, mettez deux ou plusieurs clous par côté. Pour éviter de laisser pénétrer l'air ou la poussière à l'intérieur, appliquez tout autour du ruban adhésif. Scellez ensuite le tableau avec un seul morceau de papier peint adhésif de façon à atteindre les bords du cadre lui-même. Fixez au centre du côté choisi le petit triangle de soutien pour pouvoir l'accrocher. Retournez-le, installez-le tout de suite au mur et admirez-le: une satisfaction plus que justifiée – c'est votre création!

GALERIE

J'espère que les tableaux proposés ici donnent aux lecteurs la faculté d'apprécier pleinement les incroyables possibilités du collage de simples fleurs pressées et, pour qui décide d'essayer, qu'ils puissent fournir des idées et des suggestions utiles à stimuler la fantaisie personnelle.
Les compositions se développent par thème: des travaux les plus simples (floraux) on arrive tout doucement aux plus contraignants (à dessin géométrique, oiseaux).

Simple bouquet de fleurs des champs.

16 x 19 cm - Cadre octogonal art pauvre.

Bouquet avec cheveu-de-Vénus, feuilles et fleurs rouges, allégé par des rameaux de gypsophile.

16 x 19 cm - Cadre octogonal art pauvre.

Bouquet simple, enrichi d'un beau ruban de satin, sous lequel on dissimule l'attache des tiges, ajoutées à la fin de la composition.

16 x 19 cm - Cadre octogonal art pauvre.

Pendant parfait au tableau précédent, réalisé avec des fleurs des champs.

16 x 19 - Cadre octogonal art pauvre.

Feuille décortiquée de liriodendron, entourée de petites feuilles et enrichie par l'insertion de fleurs.

16 x 19 cm - Cadre octogonal art pauvre.

Pour former la paire avec le tableau précédent, ici, la feuille décortiquée est mise en évidence par d'autres feuilles, herbes et fleurettes éparses.

16 x 19 cm - Cadre octogonal art pauvre.

Petit bouquet printanier, composé de violettes, fleurettes rouges, et cheveu-de-Vénus avec des brins de paille mélangés pour former les tiges.

16 x 19 - Simple cadre doré.

Composition caractérisée par des fleurs de fantaisie. Le dahlia est composé de divers types de pétales, avec une fleurette centrale. D'autres fleurs présentent également des fleurs plus petites au centre.

42 x 35 cm - Cadre simple art pauvre.

Original mouvement «en comète» pour cette composition.
La teinte du passe-partout est assortie au cadre.

42 x 35 cm - Cadre simple art pauvre.

Fleurs et feuilles des bois sortent d'un petit bout d'écorce.

39 x 29 cm - Cadre art pauvre avec filet doré interne.

Composition en «demi-lune». Les fleurs et les feuilles aux couleurs vives se nuancent dans des tons plus passés. Passe-partout en carton de couleur tranchée.

28 x 35 cm - Cadre en bois avec filet doré à l'intérieur.

Composition petite mais exquise aux couleurs très fortes, légèrement atténuées par les épis et les petites feuilles décortiquées.

19 x 14,5 cm - Cadre en loupe.

Un tableau très gai qui convient surtout à une cuisine. Il fait penser à un herbier, mais est composé en réalité de fleurs, verdures, feuilles et champignons qu'on trouve dans le potager domestique. Passe-partout en dentelle rouge pour égayer le tout.

39 x 29 cm - Cadre très simple en bois coloré.

Pour cette composition, commencer par coller la dentelle blanche, continuer en y superposant un tour de feuilles de teintes diverses alternées entre elles, continuer ensuite vers le centre avec des fleurs et des feuilles. Souvenez-vous de coller d'abord uniquement le centre de la fleur: ainsi vous aurez toujours la faculté d'intervenir pour changer ou ajouter un autre matériel.

50 x 40 cm - Cadre important en bois avec passe-partout également en bois.

Très belles gaillardies sur rameaux de vesce des champs, remarquable effet de la superposition de feuilles et fleurs en angle.

50 x 40 cm - Cadre en bois avec petit bord doré interne.

Commencez avec la fleur de fantaisie centrale, créée avec des pétales aux teintes tranchées et entourée de fleurs en ombelle; feuilles d'érable en bas et fougères pointant vers les angles. On enrichit ensuite de cheveu-de-Vénus, fleurs de diverses espèces, rameaux de vesce... En haut la partie centrale est allégée par des inflorescences champêtres d'un effet remarquable.

50 x 40 cm - Cadre important, grand, en bois, avec passe-partout également en bois.

Gaies mais délicates les fleurs de ce tableau! Les feuilles créent un plaisant contraste, tandis que les rameaux avec les fleurs des champs donnent une touche de légèreté.

20 x 24 cm - Vieux cadre restauré en bois avec bord doré.

De la rose rouge centrale part un tour de gros pétales, sur lesquels on a collé de l'angélique, qui sert à «atténuer» la vaste tache de couleur. Continuer avec fougères, roses, feuilles d'érable... pour finir avec de petites inflorescences champêtres.

48 x 35 cm - Très vieux cadre restauré en bois.

De superbes feuilles de différentes colorations sont à la base de cette composition. L'unique fleur est l'angélique qui, avec ses inflorescences blanches, atténue les tonalités trop intenses. De petits pétales jaunes sont éparpillés çà et là.

48 x 35 cm - Très vieux cadre restauré en bois. Le passe-partout n'est que dessiné.

Dans cette composition le travail le plus complexe est occasionné par la base de la guirlande, qui doit être construite à part, en employant des feuilles d'épis de maïs et agrémentée ensuite par des croisillons réalisés avec du ruban double, fixés à la colle. On la reporte ensuite sur le carton de base sur lequel on la colle et on continue avec la cocarde latérale, toujours avec le double ruban, et l'on recouvre son centre d'une fleur. Les pans terminaux du double ruban se divisent. La composition florale part de la cocarde.
48 x 35 cm - Cadre en loupe avec double bord doré.

Le vase est fabriqué dans une feuille de liège adhésive. La composition part du centre avec la rose rouge la plus grande, juste au-dessus du vase, elle s'élargit avec d'autres roses rouges, roses, des giroflées jaunes, des feuilles et des inflorescences disposées en rayon tout autour.

39 x 49 cm - Double cadre en bois avec passe-partout en bois.

Comme le précédent, ce vase est tiré d'une feuille de liège adhésive. Vu sa hauteur, la composition redescend sur les côtés. En partant du centre, formé ici par trois petites roses rouges posées sur une grande angélique, on continue avec des roses rouges plus grandes, des anémones, de petites roses roses, du mimosa, des feuilles d'érable rouge et de cheveu-de-Vénus. La gypsophile auréole le tout.

38 x 48 cm - Cadre double avec passe-partout en bois.

Bien qu'en quantité minime, les fleurs particulièrement belles de cette composition la rendent précieuse et délicate. Une petite branche d'orchidées jaunes, trois orchidées sauvages avec leur grande feuille, une fleur rouge de cactus, une fleurette bleue, une grande feuille décortiquée, quelques rameaux de faux cheveu-de-Vénus plus une petite feuille, un passe-partout en dentelle de soie ancienne, le tout contenu dans un cadre double en bois, patiné et légèrement doré: pour faire d'un tableau un petit bijou.

26,5 x 22,5 cm - Cadre double en bois patiné légèrement doré.

L'intéressante particularité de cette composition raffinée consiste dans le fait qu'on peut l'accrocher au mur à l'horizontale aussi bien qu'à la verticale.
Le passe-partout est réalisé avec des feuilles de ginkgo jaunes et vertes. La composition se développe en «S» et est constituée d'anémones blanches, azalées roses, feuilles rouges de vigne vierge et feuilles d'érable japonais. Elle crée sur le mur un effet d'élégance et d'extrême finesse.

48 x 19 cm - Simple cadre en bois art pauvre.

70

Quelques exemples de la beauté, la sympathie, la gaieté et, pourquoi pas, l'originalité qu'il peut y avoir à offrir ou à faire pour soi des tableaux commémoratifs de naissances, mariages ou fêtes importantes.

Ce tableau a été réalisé pour fêter 25 ans de mariage et sert maintenant à les remémorer. Le passe-partout et les alliances sont faits de petits épis argentés. On a utilisé pour la composition des anémones blanches, roses, du mimosa et diverses feuilles.

39 x 29 cm - Simple cadre en bois.

A.
M.
N.

On peut toujours être amoureux! C'est ce qu'a voulu dire ce mari à son épouse, en la remerciant aussi pour les trois enfants qu'elle lui a donnés. Toujours des feuilles et des fleurs petites et... une grande précision! Sous les trois roses rouges, il y a les initiales des prénoms des enfants, réalisés avec de petits grains. La gypsophile complète le côté gauche.

49 x 39 cm - Cadre en bois avec bordure dorée.

Des pétales de tagète jaune et marron sont utilisés pour composer ces lettres. Les alliances sont au-dessus du rameau de lierre.

39 x 28 cm - Simple cadre en bois.

Une date de naissance et deux lettres, réalisées avec des feuilles et de petites fleurs. Pour être beau, le travail doit être très précis. Les feuilles rouges sont de vigne vierge, intercalées avec des anémones sauvages jaunes. Sur le côté gauche les fougères sont rythmées de giroflées et il y a sur les longues tiges trois inflorescences de clématites des haies.

39 x 29 cm - Simple cadre en bois peint en rose, avec profil doré.

L'effet miniature de l'ouvrage que je vous propose maintenant, obtenu grâce au type particulier de passe-partout et à la disposition précise des fleurs utilisées, rend le tableau précieux.

Le travail en demi-lune est très indiqué pour la forme ovale, aussi bien pour un petit tableau comme celui-ci que pour un plus grand. On part du centre avec les fleurs les plus grandes – ici ce sont des pieds d'alouette roses et bleus – pour continuer vers le haut et le bas avec des fleurs plus petites alternées à de petites feuilles de cheveu-de-Vénus. L'ovale central est réalisé avec un petit bouquet de pieds d'alouette avec leurs feuilles.

40 x 14 cm - Cadre en bois bombé, avec bordure dorée au centre.

Verre sur verre. Ce travail particulier exige une grande dextérité à manipuler la colle: effectivement les fleurs doivent être fixées de manière à ne pas du tout en laisser ressortir les traces.

Dans cette page et dans les pages suivantes, trois tableaux composés pour un seul mur. Remarquer le travail des deux tableaux latéraux tournés vers celui central. Pour ces travaux, le fond est constitué par le mur lui-même, sur lequel ils projettent une légère ombre.

Elément central de la composition pour un seul mur.

Voici le troisième élément de la composition créée pour un seul mur.
Pour les trois tableaux on a utilisé roses, marguerites, fougères, lunaires, feuilles et herbes variées.

17 x 23 chacun - Cadre en bois à bord haut art pauvre.

Verre sur verre pour ces beaux fresias jaunes et bleus entourés de cheveu-de-Vénus et de petites plumes de clématite des haies.

23 x 29 cm - Cadre en bois à bord haut art pauvre.

Paysage. Pour ce type de composition suivre un dessin tracé précédemment. Utiliser surtout des feuilles entières ou découpées; composer à part maisonnettes, églises, châteaux, routes et oiseaux, qui seront ensuite collés à la position désirée.

39 x 29 cm - Simple cadre coloré en bois art pauvre.

Plus de 500 fleurettes composent ce tableau à dessin géométrique. Il va de soi que la difficulté, après le repérage du matériel, découle de la patience et de la précision qu'il faut pour suivre le dessin préparatoire. Le résultat est toutefois très satisfaisant.

38 x 38 cm - Cadre en bois double, construit artisanalement; assemblage par petits bouts jusqu'à obtention de la forme ronde.

Légèrement plus petit que le tableau précédent (300 fleurs environ), il présente les mêmes caractéristiques et difficultés. La différence réside dans les teintes plus douces. On remarque moins le dessin et le tableau apparaît plus «gracieux». On a utilisé des pieds d'alouette bleu foncé, bleu clair et rose, des pervenches, de petites pâquerettes blanches, des fleurs des bois lilas, en dehors des fleurettes pour les contours.

30 x 30 cm - Cadre en bois épais et bombé, peint en bleu clair légèrement strié d'argent, avec bordure interne argentée. La construction est semblable à la précédente.

OISEAUX

La réalisation de chacun des tableaux suivants a demandé plusieurs heures de travail et une extrême précision. En outre, il a été nécessaire pour chacun d'eux, de tracer un dessin de base, à suivre ensuite avec les pétales. Les couleurs ne respectent pas la réalité, mais l'important est de donner les nuances et les changements de tonalités justes pour rendre l'idée des trois dimensions.
Pour la description plus détaillée des différentes phases d'exécution, se reporter aux étapes successives du «faisan doré».

Ce petit perroquet, perché sur un tronc, est sur le qui-vive.

16 x 19 cm - Cadre octogonal en bois art pauvre.

Attendrissant le moineau qui apporte à manger à ses petits. Le nid est construit de menus bouts de bois, mousse et petites plumes.

16 x 19 cm - Cadre octogonal en bois art pauvre.

Spirituel coq chanteur sur la barrière de la cour. On fabrique la barrière en coupant en bandes de minces écorces.

18 x 24 cm - Double cadre doré, avec passe-partout en bois et bord doré interne.

A nouveau le petit coq chanteur, représenté cette fois dans une chaude atmosphère champêtre, avec poule et poussins, niche du chien, mangeoire et abreuvoir.
La cour contient même des cailloux et des brins d'herbe. Au ciel des oiseaux.

64 x 46 cm - Simple cadre en bois, avec bord doré. Passe-partout en carton.

L'aigle royal à tête blanche, dit aigle américain, s'apprête à prendre son vol de la montagne. Dans le ciel: nuages et petits oiseaux. Particulièrement réussies les nuances de l'aile gauche. Remarquer le paysage, fait de quelques éléments savamment assemblés.

49 x 39 cm - Cadre double en bois doré.

Rondelet, ce joyeux moineau posé sur une branche en fleurs. Il évoque l'été.

23 x 29 cm - Double cadre en bois doré, avec passe-partout en bois et bord doré.

La cigogne est porteuse d'heureux évènements. Elle va poser son précieux fardeau sur le pré.

28,5 x 22,5 cm - Simple cadre en bois coloré.

Majestueuse et élégante, la cigogne attend d'être allégée de sa «charge». Par rapport à la précédente, changement de la date et de la lettre sur le balluchon.

28,5 x 22,5 cm - Simple cadre en bois coloré.

Cette cigogne est en vol plané, elle sent déjà l'herbe sous ses pattes. Belles ailes déployées.

28,5 x 22,5 cm - Simple cadre en bois coloré.